AF603179

LA

VIPÉRINE

OPÉRETTE EN UN ACTE

PAR

MM. WILLIAM BUSNACH et JULES PRÉVEL

MUSIQUE DE

M. DEBILLEMONT

Représentée pour la première fois, sur le théâtre des FOLIES-MARIGNY, le 19 octobre 1866.

PARIS
MICHEL LÉVY FRÈRES, LIBRAIRES ÉDITEURS
RUE VIVIENNE, 2 BIS, ET BOULEVARD DES ITALIENS, 15
A LA LIBRAIRIE NOUVELLE

1867

Distribution de la pièce

CALFUCCI, marchand de mandolines.... M. MONTROUGE.

CALLIMACO, étudiant de Bologne....... Mme MACÉ-MONTROUGE.

SIRO, valet de Callimaco............... M. GATINAIS.

LUCREZIA, femme de Calfucci.......... Mlle JEANNE LEDUC.

La scène se passe à Bologne, vers 1660.

LA

VIPÉRINE

La boutique de Calfucci. A droite, une table et une chaise; portes à droite et à gauche; porte au fond donnant sur une place publique; à gauche de cette porte, une fenêtre.

SCÈNE PREMIÈRE

SIRO, seul, arrangeant une clarinette.

Il est évident que j'aurais beau me creuser la tête, ce serait peine perdue... quand on se trouve ainsi que moi en condition chez deux maîtres à la fois, il me semble vraiment impossible de servir les intérêts de l'un sans nuire à ceux de l'autre! Valet du seigneur Callimaco, l'un des étudiants les plus accomplis de l'université de Bologne, je suis entré par son ordre comme apprenti dans la boutique du seigneur Calfucci, le plus illustre fabricant de mandolines de l'Italie. Mon maître numéro un espère que, par ce moyen, il lui sera peut-être possible, avec mon aide, d'entretenir de sa flamme la femme de mon maître numéro deux qui lui a inspiré la plus violente passion. J'aurais vivement désiré, je l'avoue, pouvoir servir l'amour du numéro un sans porter atteinte à l'honneur du numéro deux, mais, toutes réflexions faites, j'y renonce. Je n'écoute plus que la voix de ma conscience qui me crie d'obéir uniquement à celui qui me paye le mieux. Tout l'avantage est donc pour le seigneur Callimaco, le numéro un! (On entend un accord de mandoline dans la coulisse.) Mais voici justement le signal par lequel il me demande si je suis seul dans la boutique. Répondons-lui qu'il peut venir...

Il prend une clarinette, et fait entendre deux ou trois accords très-faux.

SCÈNE II

CALLIMACO, SIRO*.

Callimaco entre vivement, une mandoline à la main.

CALLIMACO.

Eh bien ! mon cher Siro... quelles nouvelles? Es-tu parvenu à lui remettre ma lettre? la verrai-je aujourd'hui?... Parle donc! où est-elle ?

SIRO.

Là! là! comme vous y allez! Elle est là-haut, en train de prendre tranquillement son repas avec son mari...

CALLIMACO.

Ah! quel tableau! quand je pense que cet odieux marchand de mandolines est en ce moment en face d'elle, et que tout en mangeant son affreux dîner, il la dévore sans doute des yeux...

SIRO.

Calmez-vous, mon cher maître.

CALLIMACO.

Que je me calme! cela t'est facile à dire, à toi qui n'es pas amoureux... qui ne l'as peut-être jamais été!

SIRO.

Ah! ah! est-ce que vous croyez avoir le monopole de la passion? mais, seigneur, l'amour est comme le soleil... il luit pour tout le monde... Lucet...

CALLIMACO.

Omnibus... oui... je sais le latin... j'en ai assez appris à l'université de Bologne.

SIRO.

Dont vous étiez encore l'an dernier l'un des écoliers les plus assidus!

CALLIMACO.

C'est que je ne l'avais pas encore vue... elle! Ah! quand je pense que cette créature sans pareille est la propriété de cette brute de Calfucci!... Crrrr!

SIRO.

Ne grincez pas comme ça... après qui en avez-vous?...

CALLIMACO.

Après tout le monde... après toi, d'abord... Voyons, à quoi m'as-tu été bon jusqu'à présent, je te le demande un peu?

* Siro, Callimaco.

SIRO.

Dam! attendez... je tâte le terrain... ce n'est pas facile, voyez-vous... il n'y a pas de citadelle si bien gardée que cette maison-ci.

CALLIMACO.

Est-ce qu'il y a des citadelles où l'amour ne finisse pas par pénétrer !

SIRO.

Mais le seigneur Calfucci ne quitte presque jamais sa femme d'une seconde.

CALLIMACO.

Eh ! qu'importe?... Ah! si seulement j'étais certain de ne pas m'être trompé...

SIRO.

Comment cela ?

CALLIMACO.

Je n'ai pas encore pu, tu le sais, adresser une seule parole à la signora Lucrezia... Eh bien ! je parierais cependant qu'elle a deviné...

SIRO.

Ah ! bah ?

CALLIMACO.

Il est entendu entre nous deux, mon cher Siro, que je ne viendrai dans cette boutique que sous le prétexte de faire raccommoder cette mandoline.

SIRO.

Je sais tout cela, seigneur Callimaco.

CALLIMACO.

Je ne vous paye pas pour savoir, mais bien pour m'écouter... Tu es sûr que personne ne peut nous entendre.

SIRO, allant écouter à la porte de droite.

Oh ! non, non...

CALLIMACO.

Eh bien ! apprends donc qu'il y a deux jours, à la tombée de la nuit, j'errais sur cette place, les yeux fixés sur ce bienheureux balcon...

PREMIER COUPLET.

C'est une erreur peut-être !
Mais pourtant l'autre soir,
Rêveuse, à sa fenêtre,
Ma belle vint s'asseoir.
Immobile à ma place,

J'ai rêvé que sa voix
Murmurait dans l'espace :
Je vous vois !

DEUXIÈME COUPLET.

Malgré l'ardente fièvre,
Dont j'éprouvais les feux,
Je retins sur ma lèvre
De trop brûlants aveux !
Vit-elle mon délire
En mes yeux enivrés ?
Mais les siens semblaient dire :
Espérez !

A peine le second couplet est-il achevé que Calfucci entre doucement par la porte de droite.

SCÈNE III

CALFUCCI, CALLIMACO, SIRO *.

SIRO.

Mais alors, vous n'avez guère à vous plaindre. (Apercevant Calfucci.) Car enfin, c'est tout à fait votre faute.

CALLIMACO.

Ma faute !...

SIRO.

Certainement... Les produits de la maison Calfucci sont de première qualité, et cette mandoline ne se casserait pas aussi souvent si vous saviez vous en servir comme il faut...

CALFUCCI.

Ah ! ah ! Monsieur vient encore pour... mais qu'est-ce que vous faites donc avec, pour qu'elle se casse comme ça à tout moment ?

CALLIMACO.

C'est que vous savez... je suis assez distrait... et... sans y penser, je m'asseois dessus...

CALFUCCI.

Cependant, une mandoline n'est pas faite pour ça.

CALLIMACO.

Ce qui fait que je suis forcé de venir encore une fois vous importuner...

CALFUCCI.

C'est bien... On s'en occupera aujourd'hui même. (Saluant.) Serviteur...

* Siro, Callimaco, Calfucci.

CALLIMACO.

(A part.) Il me renvoie? (Haut.) Mon Dieu! seigneur Calfucci, pardonnez-moi... mais je n'étais pas venu uniquement pour cette mandoline...

CALFUCCI.

Ah! qu'y a-t-il?

CALLIMACO.

(A part.) Qu'est-ce que je pourrais donc bien lui conter, pour rester un peu?... Ah! (Haut.) Vous saurez donc, illustre seigneur, que l'autre jour, en parcourant le Livre d'Or, où se trouvent inscrits tous les noms célèbres de l'Italie, j'ai découvert qu'il y est fait mention d'un certain Calfucci, lequel, pour de grandes actions, fut fait procurateur de Venise en 1480... Or, ce Calfucci était, paraît-il, allié à une certaine Catharina Catharino Catharini.

CALFUCCI.

Ah!

CALLIMACO.

Or, il se trouve que, par les femmes, je descends, moi qui vous parle... de cette Cathari...

CALFUCCI.

Ce Calfucci-là n'est pas de ma famille...

CALLIMACO.

Ah! tant pis! j'espérais que nous étions un peu parents...

CALFUCCI.

Point du tout.

CALLIMACO.

Mais pourtant, dans l'arbre généalogique...

SIRO.

Vous vous serez trompé de branche.

CALLIMACO.

Êtes-vous sûr? (A part.) Elle ne viendra donc pas? (Haut.) Ces Calfucci-là portaient de gueule sur fond de sable...

CALFUCCI.

Mais encore une fois... ce n'est pas moi...

SIRO.

Le seigneur Calfucci ne porte rien... et ne veut rien porter... ni gueules, ni...

CALFUCCI.

Certainement!

CALLIMACO.

Alors... je vous demande bien pardon! mais je regrette vivement que vous ne descendiez pas...

SIRO.

(A part.) Je crois plutôt que c'est sa femme qu'il voudrait voir descendre...

CALFUCCI.

Je le regrette également...

CALLIMACO.

Oui... c'est dommage... parce que, étant sans parents, j'aurais été bien aise de laisser ce que je possède... à vous... ou à vos héritiers.

CALFUCCI, bondissant *.

Mes héritiers! ah! quel mot venez-vous de prononcer?

CALLIMACO.

Comment?

CALFUCCI.

Vous venez de retourner le poignard dans la plaie béante de mon cœur! Ah! des enfants! des petits Calfucci! douze ou quinze petits Calfucci qui se seraient répandus sur toute l'Italie, pour y continuer mon célèbre commerce des mandolines!... C'était mon rêve. Mais c'est en vain que j'ai eu recours aux plus illustres savants de Bologne. Nous sommes même allés, Lucrezia et moi, jusqu'à Florence... Hélas! tous ces soins ont été inutiles! Et j'aurai le regret de ne pas me voir revivre dans ma postérité. Ainsi, vous voyez donc que, quand bien même nous serions...

CALLIMACO.

(A part). Tiens! tiens! si j'essayais... (Haut.) Comment? les plus illustres savants, vous les avez consultés?

CALFUCCI.

Hélas! oui.

CALLIMACO.

Vous avez vu sans doute mon célèbre parrain...

CALFUCCI.

Votre parrain?...

CALLIMACO.

Oui, le fameux docteur Biondetto-Biondetti, qui habite tout près d'ici... à Bologne même.

CALFUCCI.

Le docteur Biondet...

SIRO.

To-Biondetti... je ne connais que ça...

* Siro, Calfucci, Callimaco.

CALLIMACO.

Vous voyez... je ne lui fais pas dire... Il ne connaît que ça!

SIRO.

Mais sans doute...

CALFUCCI.

Qu'est-ce que c'est que ce docteur-là?

CALLIMACO.

Il le demande?... Oh!

SIRO.

Vous le demandez?... Oh!

CALFUCCI.

Eh bien! enfin?...

CALLIMACO.

Mais c'est justement le seul qu'il eût fallu consulter.

CALFUCCI.

Allons donc! pour me voir revivre?...

CALLIMACO.

Dans une nombreuse postérité.

SIRO.

Dans une innombrable postérité.

CALFUCCI.

Ah! grand Dieu! qu'est-ce que vous me dites-là?

CALLIMACO ET SIRO.

La vérité!

SIRO.

PREMIER COUPLET.

Il possède, à ce qu'il paraît,
Un élixir d'une puissance!
C'est ce qu'il vous faut tout à fait,
Vous pouvez avoir confiance!
Il rendit père un mien cousin
Par sa recette sans seconde!
Ah! c'est un fameux médecin,
C'est le plus habile du monde!

CALLIMACO.

DEUXIÈME COUPLET.

Oui, sur terre il est sans pareil!
Sa science est fort peu commune,
S'il arrivait que le soleil
Un beau jour épousât la lune,

Grâce à lui, le fait est certain,
La lune deviendrait féconde !
Oui, c'est un fameux médecin,
C'est le plus habile du monde !

CALFUCCI.

Oh ! mes amis, qu'est-ce que je viens d'apprendre là ? Quoi !... à Bologne même !...

SIRO.

Hein ! monsieur... quelle chance que ce jeune homme ait cassé sa mandoline ce matin !

CALFUCCI.

Mon chapeau, ma canne... vite, Siro, vite... ah ! monsieur, conduisez-moi à l'instant même...

CALLIMACO.

Un moment !... Oh ! on ne parle pas comme ça à mon parrain...

CALFUCCI.

Ah !

SIRO.

Sans doute... il ne se dérange pas pour tout le monde.

CALLIMACO.

Mais quand je lui aurai dit que c'est le célèbre Calfucci, fabricant de mandolines...

CALFUCCI.

Vous croyez qu'il consentira ?...

CALLIMACO.

Je n'en doute pas... Je lui demanderai même s'il veut bien se rendre chez vous.

CALFUCCI.

Chez moi ?... non, non, c'est à moi...

CALLIMACO.

Non... Je crois qu'il vaudrait mieux qu'il pût venir ici... il serait bon qu'il fît connaissance avec votre femme.

SIRO.

C'est indispensable.

CALFUCCI.

Ah ! vous croyez que... Eh bien ! alors...

CALLIMACO.

J'y cours dans l'instant ! que ce garçon vienne avec moi... Je vous ferai savoir tout de suite la réponse du docteur Biondetto-Biondetti.

CALFUCCI.

Ah! seigneur, que de remerciements!... va vite, Siro, va et reviens de même... pendant ce temps, je vais avertir ma femme...

CALLIMACO.

Allez... allez... vous me remercierez plus tard... Allons, bonne chance!

Il se sauve.

SIRO.

Quand je pense qu'une fois j'ai eu l'idée de me marier!...

Il se sauve par le fond.

SCÈNE IV

CALFUCCI, seul.

Ah! quelle affaire! quelle affaire! Et dire que je me méfiais de ce petit jeune homme... quand c'est grâce à lui que... ah! quelle affaire!.. quelle affaire!... Pourvu que Lucrezia consente à voir ce docteur-là... (Appelant.) Lucrezia...

SCÈNE V

CALFUCCI ET LUCREZIA.

LUCREZIA *, allant à la fenêtre sans voir son mari.

Je suis sûre qu'il est encore là... devant la maison...

CALFUCCI.

Eh bien! qu'est-ce que vous regardez donc?

LUCREZIA.

Ah! vous étiez ici! rien, mon ami, rien!...

CALFUCCI.

Voilà plusieurs fois déjà...

LUCREZIA.

Vous allez me faire une scène peut-être?...

CALFUCCI.

Non, je suis trop joyeux pour cela.

LUCREZIA.

Et qui peut vous causer tant de joie?

CALFUCCI.

Tu ne le vois pas sur ma figure?...

* Lucrezia, Calfucci.

LUCREZIA.

Ma foi non... je vous trouve toujours aussi... enfin, la même chose !

CALFUCCI.

Eh bien ! je vais tout te dire... Tu n'ignores pas, ma Lucrezia, que, malgré la félicité que je goûte depuis que tu es ma femme, il est encore en mon âme une espérance inassouvie.

LUCREZIA.

Ah ! encore ?...

CALFUCCI.

Ecoute-moi... Il paraît que, sans que nous nous en doutions, il existe à Bologne même un docteur...

LUCREZIA.

Grand bien lui fasse ! j'en ai assez... des docteurs !...

CALFUCCI.

Oh ! mais celui-là, c'est bien différent. Il paraît que si le soleil épousait la lune...

LUCREZIA.

Eh ! que me fait le soleil et la lune ? je refuse.

CALFUCCI.

Es-tu entêtée !... mais puisque c'est pour la dernière fois... c'est ce petit jeune homme qui vient quelquefois ici pour faire raccommoder sa mandoline... qui...

LUCREZIA.

Ah ! il est donc médecin ?

CALFUCCI.

Mais non... mais non... ce n'est pas lui, c'est son parrain, le fameux Biondetto-Biondetti...

LUCREZIA.

Enfin... êtes-vous certain ?...

CALFUCCI.

Certain ou non, madame !... j'exige que vous écoutiez ce savant homme !...

LUCREZIA.

C'est différent... Du moment où vous parlez sur ce ton-là...

CALFUCCI.

Très-bien, mon petit mouton, très-bien.

SCÈNE VI

CALFUCCI, SIRO, LUCREZIA.

SIRO *.

Ah ! monsieur, comme j'ai couru !

CALFUCCI.

Eh bien ! tu l'as vu !

SIRO.

Oui, monsieur, il était dans son laboratoire... il y avait un tas de fourneaux, d'alambics, des fioles, des cornues ! ah ! il y en avait-il, des cornues !...

CALFUCCI.

Ah ! vraiment... Tu entends, Lucrezia ?

SIRO.

Il ne voulait pas être dérangé... mais son filleul a tant insisté ! tant insisté !... Ah ! que voilà donc un jeune homme qui est gentil, par exemple !

CALFUCCI.

Et alors ?...

SIRO.

Alors, nous sommes entrés, le seigneur Callimaco lui a expliqué la chose... et lui a dit que vous vouliez le voir le plus tôt possible.

CALFUCCI.

Et qu'a répondu le docteur ?

SIRO.

Il a dit : « Le seigneur Calfucci !... Je connais ce nom-là... il me semble... Est-ce que ce n'est pas un fabricant de mandolines ? »

CALFUCCI.

Il me connaît ! ah ! l'admirable docteur !

SIRO.

Enfin, il va venir... et je suis accouru bien vite !

LUCREZIA.

Ah ! il va venir... et il est... vieux ?...

SIRO.

Oui... assez... Son filleul m'a dit qu'il a cent quarante-deux ans...

CALFUCCI.

Ah ! et il se dérange pour venir chez moi... à cet âge-là !

* Lucrezia, Calfucci, Siro.

SIRO.

On voit bien que vous ne le connaissez pas... il n'en paraît pas plus de cinquante... il a aussi inventé une prépation pour ça...

CALFUCCI.

Vraiment! Eh bien! je lui demanderai sa recette quand je commencerai à vieillir...

SIRO.

Mais je ne me trompe pas... c'est lui...

CALFUCCI.

Ah! je suis tout troublé... et toi?... Lucrezia?

LUCREZIA.

Dam! moi aussi!

Callimaco paraît à la porte, dégnisé en vieux docteur ; sur un signe de Calfucci, Siro sort dès l'entrée du docteur.

SCÈNE VII

Les Mêmes, CALLIMACO *.

TRIO.

CALFUCCI.

Enfin! le voilà!
C'est lui-même!

LUCREZIA.

Je le sens à mon trouble extrême,
Oui, je connais ce docteur-là!

CALLIMACO.

C'est sans doute ici la demeure
Du seigneur Calfucci,
Qui m'a fait quérir tout à l'heure?...

CALFUCCI.

Oui, docteur, c'est bien ici!
Entrez, entrez, me voici!
Vous parlez au seigneur Calfucci.

ENSEMBLE.

CALLIMACO.

Charmante visite
Et qui me promet
Un doux secret!
Son cœur va bien vite
Combler mon plus cher souhait.

LUCREZIA.

De cette visite
Selon mon souhait
J'attends l'effet,
Je saurai bien vite
S'il tient tout ce qu'il promet.

* Lucrezia, Callimaco, Calfucci.

LUCREZIA.

Oh! mon cœur s'agite
Lorsqu'il apparaît
Tendre et discret,
Cachons-lui bien vite
Mon trouble et mon doux secret!

CALLIMACO, s'asseyant, d'un ton nasillard.

Voyons! voyons! ne lambinons pas, hein! Mon filleul, le petit Callimaco... il paraît vous porter un vif intérêt... m'a conté votre affaire... Du reste, en vous voyant tous les deux, je l'eusse aisément devinée!

CALFUCCI, faissant asseoir Callimaco et Lucrezia, et s'asseyant aussi.

Comment?

CALLIMACO.

Taisez-vous! (A Lucrezia.) Vous plait-il de me donner votre main?

LUCREZIA, hésitant.

Ma main?...

CALFUCCI.

Donne la main, ma chérie.

LUCREZIA.

La voici.

CALLIMACO.

Très-bien. (A Calfucci.) Prenez votre montre... et quand il y aura dix minutes que je tiendrai la main de madame dans la mienne, vous m'avertirez.

LUCREZIA.

Dix minutes?...

CALLIMACO.

Retournez-vous!

CALFUCCI, se retournant.

Voilà, je compte...

CALLIMACO, bas à Lucrezia, de sa voix naturelle.

Ah! madame! enfin, me voilà donc près de vous... je puis donc vous dire...

CALFUCCI.

Trois!

LUCREZIA, à Callimaco.

Monsieur...

CALLIMACO, à Lucrezia.

Oh! je vous en supplie... ne refusez pas de m'entendre, si vous voulez bien... aujourd'hui même...

LUCREZIA.

Mais, monsieur...

CALFUCCI.

Six !

CALLIMACO.

Vous consentez à me seconder, n'est-ce pas?

LUCREZIA.

Non, monsieur, non!

CALLIMACO.

Ah! ravissante Lucrezia... L'amour le plus tendre, le plus obéissant...

CALFUCCI.

Dix!... Eh bien! voyons... êtes-vous satisfait?

CALLIMACO, reprenant son ton nasillard.

Oui... à peu près... j'ai bon espoir... et je ne crois pas que je serai venu ici pour rien...

CALFUCCI, joyeux.

Vraiment!

CALLIMACO, reprenant son ton nasal.

Oui, le pouls de madame indique une certaine propension qui, combattue par les extrêmes dans les cas thuriféraires, prouve surabondamment que la redondance des manipulations sympathiques, divisée par la cause des sanguinolents œsophagiens, nous fera, je n'en doute pas, arriver au but proposé!

CALFUCCI.

Vous croyez?...

CALLIMACO.

Je l'espère... et puis, vous savez le proverbe... *Quantum mutatus ab illo!*

CALFUCCI.

Je ne dis pas non, mais...

CALLIMACO.

Et dans les cas présents... excusez-moi, madame, de vous entretenir de ces délicates questions, mais il est à remarquer que si, comme dit Horace... *Justum ac tenacem propositi virum,* d'un autre côté, il est clair que... *sub tegmine fagi...*

CALFUCCI.

Pardon, mais tout ça prouve-t-il que je me verrai revivre dans ma postérité?...

CALLIMACO.

Pas autre chose! du reste... après le principe, l'application... *Post principium applicatio!*... vous voyez bien cette fiole...

LUCREZIA.

Voyons!...

CALFUCCI.

Cette petite fiole?...

CALLIMACO.

Malheureux! ne blasphémez pas... Cette fiole m'a coûté soixante-dix-neuf ans d'études, et renferme six cent vingt-sept ingrédients...

CALFUCCI.

Là-dedans!

LUCREZIA.

Oh! c'est incroyable!

CALFUCCI.

Ainsi, avec ce petit flacon, vous croyez que cela suffira? Ah! docteur, si vous réussissez, tous mes biens, toute ma fortune... A propos, qu'est-ce que vous prenez par visite?

CALLIMACO.

Dix ducats.

CALFUCCI, à part.

C'est cher!

CALLIMACO.

Mais nous parlerons de cela plus tard... car dès ce soir j'aurai quitté Bologne... appelé au delà des mers.

CALFUCCI.

Vous partez?...

CALLIMACO.

Mais mon filleul viendra vous voir... et il me fera savoir...

CALFUCCI.

Ah! très-bien... il faudra qu'il vienne souvent, n'est-ce pas, ma petite chérie?

LUCREZIA.

Cela vous regarde.

CALLIMACO.

Il viendra... il viendra... mais je n'ai pas fini... Comme je vous le disais, cette fiole renferme de précieuses substances, parmi lesquelles en première ligne se trouve la vipérine!

CALFUCCI.

Ah! la vipérine?

CALLIMACO.

Vous n'ignorez peut-être pas que ce spécifique unique et sans pareil, n'est pas sans quelque danger...

LUCREZIA.

Un danger?...

CALFUCCI.

Quel danger?

CALLIMACO.

Attendez!... D'abord, dès que je serai parti, madame boira le contenu de cette précieuse fiole, en tenant, remarquez bien ceci, en tenant votre main droite dans sa main gauche...

CALFUCCI.

Oh! oh! il ne faut pas oublier cela... ma main droite à moi... sa gauche à elle... droite, gauche... Bon! mais le danger!

CALLIMACO.

Voici... Dès que madame aura bu la vipérine...

LUCREZIA.

Dès que j'aurai bu...

CALLIMACO.

Vous serez empoisonnée..

LUCREZIA.

Empoisonnée! mais je ne boirai pas.

CALFUCCI.

Elle ne boira pas.

CALLIMACO.

Ah çà! croyez-vous que je vais m'être dérangé pour rien? elle boira.

CALFUCCI.

Jamais!

CALLIMACO.

Mais, puisqu'il n'y a aucun danger.

CALFUCCI.

A la bonne heure!... Dites donc cela.

CALLIMACO.

Donc! voilà un fait acquis... madame boit, elle est empoisonnée, n'en parlons plus!

LUCREZIA et CALFUCCI.

Mais, docteur...

CALLIMACO.

Par les cornes de Vulcain, vous tairez-vous?...

CALFUCCI, à part.

Faut-il qu'il soit savant pour être malhonnête comme ça? (Haut.) Enfin elle est empoisonnée, et ensuite?

CALLIMACO.

Ce poison a la singulière propriété de ne faire aucun mal à la personne qui l'a ingurgité.

CALFUCCI.

Allons donc !

CALLIMACO.

Il n'y a de danger que pour celui qui le premier embrassera votre femme, après qu'elle aura bu la vipérine.

CALFUCCI, vivement.

Parfait!

LUCREZIA, à part.

Ah! je comprends!

CALFUCCI, après avoir réfléchi.

Comment! comment! mais dites donc, celui qui le premier... mais c'est moi...

CALLIMACO.

Eh bien! si c'est vous... vous mourrez dans la journée même, voilà tout.

CALFUCCI.

Voilà tout?...

CALLIMACO.

Et vous mourrez heureux... avec la certitude de revivre dans une nombreuse...

CALFUCCI.

Eh bien! il est gentil, votre remède! jamais ma femme ne prendra cette drogue-là...

CALLIMACO.

Mais puisqu'il n'y a aucun danger.

CALFUCCI.

Pour elle! oui... mais pour moi...

CALLIMACO.

Pour vous non plus, si vous voulez!

CALFUCCI.

Expliquez-vous donc!... Comment ça?

CALLIMACO.

Sans doute... Que vous disais-je à l'instant?

CALFUCCI.

Vous me disiez que celui qui le premier embrasserait ma femme...

CALLIMACO.

Eh bien?

CALFUCCI.

Eh bien?

CALLIMACO.

Où est la nécessité que ce soit vous?

Ils se lèvent tous les trois.

CALFUCCI.

Comment?... il faudrait qu'un autre... jamais! jamais! et vous pouvez vous en aller au diable avec votre vipérine.

CALLIMACO, à Lucrezia.

Voyons... madame! joignez-vous à moi pour le décider. (Bas.) Chère Lucrezia... si vous le vouliez...

LUCREZIA, à Calfucci.

Dame! mon ami... moi, vous savez que... je n'y tiens pas, c'est vous...

CALLIMACO.

Voyons! voyons! on se fait des monstres, comme ça... vous avez bien quelques parents?

CALFUCCI.

Tiens! au fait... le cousin Bambino dont nous devons hériter...

LUCREZIA.

Non... il est trop laid...

CALFUCCI.

Ah! tu trouves qu'il est trop...

CALLIMACO.

Je puis peut-être vous trouver ce qu'il vous faut... C'est bien décidé, n'est-ce pas?

CALFUCCI.

Oui! mais...

CALLIMACO.

Allons donc!... vous hésiteriez... quand, pour combler votre vœu le plus cher, il suffit...

CALFUCCI.

Eh bien! au fait... oui... d'ailleurs... (A part.) Je serai là!

CALLIMACO, à part.

Bravo! (Haut.) Il ne nous reste plus qu'à trouver... le sujet.

CALFUCCI.

C'est ça qui va être difficile...

CALLIMACO.

Qui sait? vous avez tant de bonheur! Mais appelez ce jeune homme qui est venu avec mon filleul... il semble intelligent... il vous aidera dans vos recherches.

CALFUCCI.

Comme vous voudrez... (Appelant.) Siro... Siro!

SCÈNE VIII

LES MÊMES, SIRO *.

SIRO.

Vous m'avez appelé?

CALFUCCI.

Oui... Écoute bien ce que va dire le docteur.

QUATUOR.

CALLIMACO.

Écoutez bien.

SIRO, LUCREZIA, CALFUCCI.

Écoutons bien.

CALLIMACO.

Dès que j'aurai franchi la porte,
Elle boira.

SIRO, CALFUCCI.

Elle boira.

CALLIMACO.

Ensuite vous ferez en sorte,
Sortant par là...

SIRO, CALFUCCI.

Sortant par là!

CALLIMACO.

De vous élancer sur la place,
Cachés sous un déguisement,
Et du premier pauvre qui passe
Vous vous emparez vivement,
Et si c'est quelque pauvre diable,
Se trouvant là!

SIRO, CALFUCCI.

Se trouvant là!

* Lucrezia, Calfucci, Callimaco, Siro.

CALLIMACO.

Vous lui racontez quelque fable,
Il la croira.

SIRO, CALFUCCI.

Il la croira!

CALLIMACO.

Vous l'amenez près de Madame,
Qui lui tient de tendres discours,
Bientôt s'enivrera son âme
Et c'en sera fait de ses jours!
Vous avez compris la chose?

SIRO, CALFUCCI, LUCREZIA.

Nous avons compris la chose.

TOUS QUATRE.

Oui, ce plan-là
Réussira;
Tout me dit là
Que ce plan-là
Réussira.

CALLIMACO.

Voilà qui est entendu... Prenez cette fiole... et n'oubliez aucune de mes instructions! je vous laisse.

CALFUCCI.

Ah! docteur, vous êtes un grand homme, un... je ne trouve pas de qualificatifs suffisants...

CALLIMACO.

Que le ciel vous assiste et vous tienne en joie!

Il envoie un baiser à Lucrezia sans être vu, et salue profondément Calfucci.

SCÈNE IX

CALFUCCI, SIRO, LUCREZIA *.

CALFUCCI.

Ah! Siro! quel médecin nous avons déniché-là! pourvu que son plan réussisse!

LUCREZIA.

Quoi, monsieur, sérieusement, vous exigez?...

CALFUCCI.

Ne vas-tu pas avoir peur?... puisque je serai là!.. Mais j'y songe, Siro! Il nous faudra des déguisements, je ne veux pas être reconnu?...

* Lucrezia, Calfucci, Siro.

SIRO.

Rien de plus simple... ne sommes-nous pas en carnaval?... les magasins regorgent de costumes... à deux pas d'ici nous trouverons ce qu'il nous faut...

CALFUCCI.

C'est juste! Ne t'impatiente pas, mon petit agneau, nous revenons dans cinq minutes. (Il va pour l'embrasser, puis recule.) Ah! suis-je bête! il n'y a pas encore de danger. (Il l'embrasse.) Allons, Siro, viens vite, mon garçon.

Ils sortent.

SCÈNE X

LUCREZIA, seule.

Je n'en reviens pas! quelle audace a montré ce jeune homme! En vérité, c'est bien mal à moi... mais après tout... c'est mon mari qui l'a exigé!... Et puisque j'ai juré de lui obéir en toutes choses!...

COUPLETS.

I

Si j'ai mérité quelque blâme
En acceptant ce rendez-vous,
C'est sa faute... car une femme
Doit obéir à son époux!
Il ne faut pas entrer en lutte,
Et ce plan qu'il a résolu,
Tant pis pour lui s'il l'exécute,
C'est mon mari qui l'a voulu,
C'est mon mari qui l'a voulu.

II

Je lui promis obéissance
Et ne pouvais, en vérité,
Refuser, en la circonstance,
De prouver ma docilité!
Hélas! pour moi, pauvre colombe,
Lutter me paraît superflu,
Tant pis pour lui si je succombe,
C'est mon mari qui l'a voulu,
C'est mon mari qui l'a voulu.

SCÈNE XI

LUCREZIA, CALFUCCI, SIRO *, Calfucci et Siro déguisés, grands chapeaux, longues barbes.

CALFUCCI ET SIRO.

La bourse ou la vie!

* Lucrezia, Calfucci, Siro.

LUCREZIA, effrayée.

Ah ! qui êtes-vous ? au secours ! ne m'approchez pas !

CALFUCCI, ôtant sa barbe.

N'aie pas peur, ce n'est que moi.

SIRO.

Ce n'est que nous.

LUCREZIA.

Ah !... vous m'avez fait une frayeur !

CALFUCCI.

C'était pour juger de l'effet... Voici la nuit qui s'approche... je crois le moment favorable.

SIRO, à part.

Pourvu que nous n'allions pas nous tromper et en amener un autre.

CALFUCCI.

Allons, ma petite Lucrezia ! du courage ! (A Siro.) Sais-tu si c'est bien mauvais ?

SIRO.

Je n'en ai jamais pris...

CALFUCCI.

C'est juste ! (A Lucrezia.) Voyons... embrasse-moi encore une fois... parce que, si par hasard nous ne trouvions pas tout de suite...

SIRO.

Oh ! monsieur, je vous garantis que nous ne serons pas longtemps, allez !

CALFUCCI.

Tu crois ? Allons, mon bijou chéri, bois, bois !

LUCREZIA.

Ah ! il faut bien que ce soit pour vous !

CALFUCCI.

Oui, c'est pour moi ! attends ! il faut que tu tiennes... ma main gauche dans ta main droite ! Ah ! mon Dieu, je ne me souviens plus, si ça allait manquer ?...

SIRO.

Le docteur a dit votre main droite, monsieur.

CALFUCCI.

Comment le sais-tu ? tu n'étais pas là...

SIRO.

J'écoutais à la porte, monsieur !

CALFUCCI.

Merci, mon ami !... (A Lucrezia.) Tu peux boire, mon bijou chéri...

LUCREZÌA.

Allons !

Elle boit.

CALFUCCI.

Là... là... Ah ! enfin !... Eh bien !... était-ce bien mauvais, mon ange ?

LUCREZIA.

Non, pas trop...

CALFUCCI.

Comme tu es gentille et obéissante, mon trésor !... (Il va pour l'embrasser.) Ah ! bon Dieu ! qu'est-ce que j'allais faire ? J'en tremble encore !

LUCREZIA.

Poltron !

CALFUCCI.

Poltron ?... Tu es charmante, toi...

SIRO.

Allons, capitaine ! en route ! (A part.) Le numéro un ne doit pas être bien loin maintenant.

CALFUCCI.

Oui, tu as raison... (Ils se dirigent vers la porte, on entend la ritournelle de la musette du pifféraro.) Attends !... écoutons !...

CALLIMACO, dans la coulisse.

COUPLET.

I

Pauvre pifférare !
Je m'en vais chantant,
De Lucque à Ferrare,
Le cœur content !
En tous lieux je sème
Un refrain joyeux,
Plus qu'un roi même
Je suis heureux.

CALFUCCI.

Ah ! le hasard nous protége ! viens vite, Siro.

Ils sortent.

SCÈNE XII

LUCREZIA, seule.

J'ai reconnu sa voix!...

CALLIMACO, dans la coulisse.

Il est une femme,
Au regard charmant,
Qui m'a pris mon âme,
Je ne sais comment.
O ma douce idole!...

A ce moment le chant s'arrête brusquement, Lucrezia regarde par la fenêtre du fond.

LUCREZIA.

Ils se jettent sur lui! ils lui mettent un mouchoir sur les yeux... Ah! je suis toute tremblante!

SCÈNE XIII

CALFUCCI, CALLIMACO, SIRO, LUCREZIA *.

CALLIMACO, en pifféraro, les yeux bandés.

Oh! mes bons brigands! je vous en supplie, ne me faites pas de mal! je n'ai pas un ducat dans ma ceinture...

CALFUCCI, avec une grosse voix.

Rassure-toi!...

SIRO.

On ne vous veut pas de mal!

CALFUCCI.

Et achève ton second couplet...

CALLIMACO.

Oui, mon bon brigand!

O ma douce idole,
Vers toi, chaque jour,
Mon cœur s'envole
Brûlant d'amour!

CALFUCCI.

Écoute, si tu veux gagner de l'or!...

CALLIMACO.

J'écoute!

* Lucrezia, Calfucci, Callimaco, Siro.

CALFUCCI.

Dans un moment, je vais frapper dans mes mains... Tu pourras alors retirer le mouchoir qui couvre tes yeux et tu te trouveras dans la plus profonde obscurité.

LUCREZIA.

Comment! dans l'obscurité ?...

CALFUCCI.

Silence! une femme sera près de toi.

CALLIMACO.

Une femme... jeune ?

CALFUCCI.

Non, vieille!

LUCREZIA.

Ah! par exemple!

CALFUCCI.

Et laide...

SIRO.

Vieille et laide.

CALLIMACO.

Ah! et après ?

CALFUCCI.

Après ?... tu feras en sorte de lui ravir un baiser... un seul, tu entends bien ?

CALLIMACO.

Bon!...

CALFUCCI.

Puis nous viendrons te reprendre et tu iras te faire pendre ailleurs.

CALLIMACO.

Je ferai de mon mieux.

CALFUCCI.

Allons, nous te laissons, petit musicien! (A Siro.) Viens, Siro...

Il se dirige avec Siro vers le fond, puis ils redescendent en se cachant chacun derrière une porte, Siro à droite et Calfucci à gauche.

CALLIMACO.

Ça y est-il? et puis-je ôter ce mouchoir ?

CALFUCCI.

Attends!

Il frappe trois fois dans ses mains, Callimaco retire son bandeau. Nuit presque complète, musique à l'orchestre.

CALLIMACO, haut*.

Oh ! madame... je ne puis voir votre visage et je dois croire d'après ce que l'on m'a dit...

LUCREZIA.

En effet, on ne vous a pas trompé, je suis affreuse !

CALLIMACO, bas.

Chère Lucrezia ? (Haut.) Je vous aime, je vous adore !

LUCREZIA.

Laissez-moi, monsieur !... (A Calfucci.) Seigneur Calfucci ?...

CALFUCCI.

Hein ?

LUCREZIA.

Décidément, j'ai trop peur ! J'y renonce.

CALFUCCI.

Es-tu folle ? mais il est trop tard, tu as bu la vipérine, il n'y a plus à reculer...

CALLIMACO, haut.

Eh bien ! madame, pourquoi me fuyez-vous ? je n'ai pas encore gagné mon argent et je suis un honnête garçon... Où êtes-vous donc ?

LUCREZIA, bas.

Me voici, monsieur.

L'orchestre joue en sourdine jusqu'à la fin de la scène le refrain des couplets de Lucrezia : C'est mon mari qui l'a voulu.

CALLIMACO, bas à Lucrezia.

Enfin, mon adorable Lucrezia... je puis vous dire que mon cœur ne bat que pour vous...

LUCREZIA, bas.

Silence ! Si mon mari vous entendait ?

CALFUCCI, bas.

Je n'entends plus rien ! (Haut.) Tu peux parler plus haut, petit musicien... je t'y autorise...

CALLIMACO, à Lucrezia.

Vous voyez, madame... c'est votre mari qui ordonne que je vous dise tout haut que vous êtes charmante et que je vous aime.

CALFUCCI.

A la bonne heure !

CALLIMACO, haut.

Je sens que je donnerais ma vie pour vous.

* Calfucci, Lucrezia, Callimaco, Siro.

CALFUCCI, haut.

Il ne croit pas si bien dire.

CALLIMACO.

Ah! je ne sais ce que j'éprouve... c'est la joie, l'émotion, le bonheur sans doute... mais il me semble que je vais me trouver mal!

Callimaco embrasse Lucrezia à plusieurs reprises. Calfucci s'approche de Lucrezia.

CALFUCCI.

Assez! j'ai entendu... assez!... Siro! Siro!...*

SIRO.

Voilà! qu'y a-t-il?

CALFUCCI.

Vite, de la lumière! Et reconduis ce petit misérable...

CALLIMACO.

Est-ce que vous n'êtes pas satisfait?

CALFUCCI.

Si, si, parfaitement!...

SIRO.

Attendez que je vous remette votre mouchoir, et que je vous reconduise sur la place.

CALLIMACO, à Siro.

Ne serre donc pas si fort.

CALFUCCI, lui jetant une bourse.

Tiens, malheureux!

CALLIMACO.

Merci, mon bon brigand! et que votre patron vous le rende!... Voulez-vous que je vous laisse mon adresse... si par hasard vous aviez encore besoin de moi?

CALFUCCI.

Merci! va-t-en vite!... tu es payé!...

CALLIMACO.

Ah! je l'étais déjà!

CALFUCCI.

Hein!

CALLIMACO.

Par le plaisir de vous avoir obligé...

CALFUCCI.

Bien... bien... va-t-en vite...

* Lucrezia, Calfucci, Callimaco, Siro.

CALLIMACO.

Adieu, mon bon brigand... adieu, charitable dame... ah! je n'oublierai de ma vie votre générosité.

Il sort en entrainant Siro.

SCÈNE XIV

CALFUCCI, LUCREZIA*.

CALFUCCI.

De sa vie!... il n'en a pas pour longtemps à être reconnaissant alors!

LUCREZIA.

Ah! monsieur, c'est abominable! m'avoir contrainte!

CALFUCCI.

Eh bien! mon petit amour, qu'est-ce qui vous prend? Viens, ma Lucrezia... viens m'embrasser... (*Il va pour l'embrasser, puis s'arrête. — A part.*) C'est étrange, je ne suis pas encore tout à fait rassuré...

LUCREZIA.

Eh bien!... qu'avez-vous donc?

CALFUCCI.

Moi? rien... c'est la satisfaction... le bonheur... (*A part.*) Non, décidément, je n'ose pas!

SCÈNE XV

LES MÊMES, SIRO**.

CALFUCCI.

Ah! voilà Siro... Ah! bon Dieu, comme il est pâle!...

LUCREZIA.

En effet.

SIRO,

Ah! monsieur! ah! madame! si vous saviez ce pauvre petit Ferrare...

CALFUCCI.

Le pifférare?... eh bien?

SIRO.

Oui, le petit ferrare...

* Lucrezia, Calfucci.
** Lucrezia, Siro, Calfucci.

LUCREZIA.

Parlez vite!

SIRO.

Oh! il paraît que c'est joliment prompt, ce poison-là...

LUCREZIA.

Que dites-vous?

CALFUCCI.

Allons donc! est-ce que déjà?...

SIRO.

Ah! j'en frémis encore... Nous étions à peine arrivés sur la place... je venais de lui ôter le mouchoir qui lui couvrait les yeux... il me regarde comme ça... étend les bras et chancelle... je le porte sous un réverbère.

LUCREZIA.

Et...

SIRO.

Il a fait : « Ah!... » et puis... plus rien! la vipérine avait opéré!

CALFUCCI.

Si ç'avait été moi!

SIRO.

La rivière était proche... j'ai porté son cadavre sur la berge, et...

Il fait le geste de l'avoir poussé.

LUCREZIA.

Ah! le pauvre garçon!

SIRO, bas à Lucrezia.

Il me suit!

LUCREZIA.

Ah!

CALFUCCI.

Ne vas-tu pas le plaindre?... un petit chanteur de grands chemins... il en reste assez... va!

SIRO.

Et j'accourais vous conter cet événement, quand j'ai rencontré le seigneur Callimaco.

CALFUCCI.

Le filleul du docteur? ah! qu'il me tarde de l'embrasser!

SIRO.

Il se disposait à venir jusqu'ici...

CALFUCCI.

Qu'il vienne vite... je veux le remercier... (A Lucrezia.) Tu le remercieras aussi.

SIRO.

Quand je vous le disais!... le voilà!

SCÈNE XVI

LES MÊMES, CALLIMACO *.

CALFUCCI.

Arrivez donc! il me tardait de vous voir. (Il presse dans ses bras Callimaco.) Vous avez vu votre parrain? il vous a parlé de son ordonnance?

CALLIMACO.

Il m'a tout conté... Eh bien?

CALFUCCI.

Nous avons trouvé...

CALLIMACO.

Si vite que ça?

CALFUCCI.

Oui, c'est fait!

CALLIMACO.

Vraiment? (Lui serrant la main.) Mes compliments sincères!

CALFUCCI.

Ça a marché merveilleusement... le petit bonhomme n'est déjà plus de ce monde, je vous conterai cela à table, car vous soupez avec nous, mais, auparavant, un verre de marsala? Siro, une bouteille et des verres? (A Lucrezia.) Dis-lui quelque chose, voyons!

LUCREZIA.

Seigneur Callimaco...

CALLIMACO.

Madame... (Bas.) Ah! chère Lucrezia!

CALFUCCI.

Mais j'y songe... Siro... cours jusque chez le docteur, et prie-le de nous faire l'honneur...

CALLIMACO.

Inutile! vous ne le verrez plus... il vient de s'embarquer à l'instant.

CALFUCCI.

Ah! c'est dommage! d'autant plus que j'aurais voulu...

* Lucrezia, Callimaco, Calfucci, Siro.

CALLIMACO.

Quoi donc?

CALFUCCI.

Lui demander s'il n'y a plus aucun danger.

CALLIMACO.

Je ne puis vous le dire... Il faudra attendre son retour.

CALFUCCI.

Alors, au prochain retour et à la santé du grand docteur, votre illustre parrain!

CALLIMACO.

C'est fort gracieux à vous! à sa santé!

TOUS LES QUATRE *.

A sa santé!

QUATUOR FINAL.

TOUS LES QUATRE.

Ici gaiement il faut boire
A la santé du docteur!
Gardons toujours la mémoire
De notre cher bienfaiteur!
Bon voyage, excellent docteur!
Et puissiez-vous débarquer sans déboire!...

* Siro, Lucrezia, Callimaco, Calfucci.

FIN

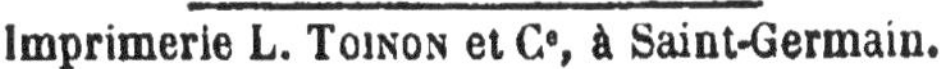

Imprimerie L. Toinon et Ce, à Saint-Germain.

www.ingramcontent.com/pod-product-compliance
Ingram Content Group UK Ltd.
Pitfield, Milton Keynes, MK11 3LW, UK
UKHW021029260726
13994UKWH00005B/2032

9 782329 496429